ATELIER DE LIONEL LE COUTEUX

Vente des 22, 23, 24 et 25 Juin 1909

HOTEL DROUOT — SALLE Nᵒ 3

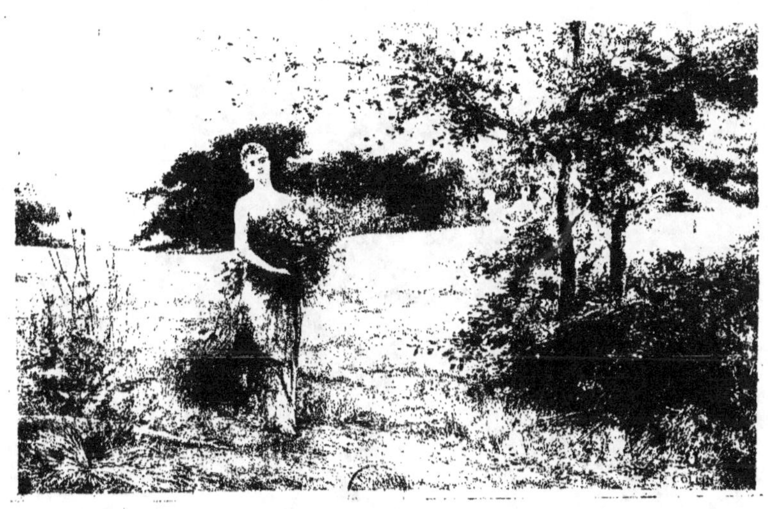

Nᵒ 51 du Catalogue.

ŒUVRE GRAVÉ

de

LIONEL LE COUTEUX

ESTAMPES ANCIENNES ET MODERNES

PEINTURES — DESSINS

BIJOUX — OBJETS D'ART — MEUBLES. etc.

Mᵉ HIPPOLYTE BONDU
32, rue Le Peletier.

MM. CHAINE & SIMONSON
19, rue Caumartin.

M. LOYS DELTEIL
2, rue des Beaux-Arts.

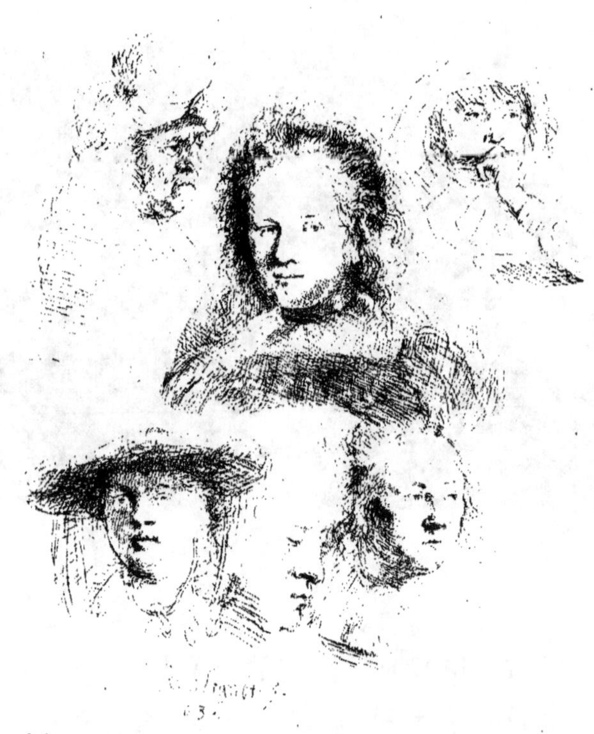

Nᵒ 158 du Catalogue.

ATELIER

DE

Lionel-Aristide LE COUTEUX

SON ŒUVRE GRAVÉ

DESSINS
BIJOUX D'ART DÉCORATIF

———

ESTAMPES ANCIENNES ET MODERNES
(Œuvres de Rembrandt)
TABLEAUX ET DESSINS
Par divers artistes

PORCELAINES — FAÏENCES — BRONZES — ÉTAINS — CUIVRES
BOIS SCULPTÉS — GLACES — CADRES
ARMES — ARGENTERIE
MEUBLES ANCIENS ET MODERNES, SIÈGES — TAPISSERIES
TAPIS D'ORIENT

———

Dont la vente par suite de décès
aura lieu

HOTEL DROUOT — SALLE Nº 3
Les
Mardi 22, Mercredi 23, Jeudi 24 et Vendredi 25 Juin 1909
à 2 heures précises

———

Mᵉ HIPPOLYTE BONDU
COMMISSAIRE-PRISEUR
32, Rue Le Peletier

MM. CHAINE et SIMONSON	M. LOYS DELTEIL
EXPERTS	EXPERT
pour les Tableaux et Objets d'art	*pour les Estampes*
19, Rue Caumartin.	2, Rue des Beaux-Arts.

EXPOSITION PUBLIQUE
Le Lundi 21 Juin 1909
HOTEL DROUOT — SALLE Nº 3
de 1 heure 1/2 à 5 heures 1/2

CONDITIONS DE LA VENTE

Elle sera faite au comptant.

Les adjudicataires paieront *dix pour cent* en sus des enchères.

MM. CHAINE et SIMONSON et LOYS DELTEIL rempliront les commissions que voudront bien leur confier les amateurs ne pouvant y assister.

EXPOSITION PUBLIQUE, HÔTEL DROUOT, SALLE N° 3, le *Lundi 21 Juin 1909*, de 1 heure 1/2 à 5 heures 1/2.

ORDRE DES VACATIONS :

Mardi 22 Juin.	N°s 1 à 172.
Mercredi 23 Juin	N°s 173 à 220.
Jeudi 24 Juin	} N°s 221 à la fin.
Vendredi 25 Juin	

DÉSIGNATION

ŒUVRE GRAVÉ

DE

LIONEL LE COUTEUX

1. Le Général Prim, d'apr. H. Regnault (H. Beraldi 6). Epreuve sur japon, encadrée.

2. La même estampe. Encadrée.

3. La même estampe. Vingt épreuves de divers états.

4. Tête de pêcheur breton (8). Seize épreuves.

5. Frédéric et Chilpéric au tombeau de S' Martin, d'apr. A. Maignan (17). Onze épreuves de divers états.

6. Mme V***, d'apr. Carolus-Duran (18). Dix-sept épreuves de divers états.

7. La Bohémienne, d'apr. F. Hals (22). Cinq épreuves de divers états.

8. Herbage à Sorentz, d'apr. E. van Marcke (23). Epreuve d'état, *signée*.

9. La même estampe. Epreuve encadrée.

10. La même estampe. Dix épreuves d'états différents.

11. Phann-Fidèle (24-25). Deux pièces, d'apr. E. van Marcke, se faisant pendants. Onze épreuves d'états différents.

12. Les Botteleurs, d'apr. J. F. Millet (26). Epreuve d'essai.

13. La même estampe. Sept épreuves de divers états.

14. Chasse au Faucon, d'apr. E. Fromentin (27). Sept épreuves de divers états.

15. Départ pour la Fantasia, d'apr. H. Regnault (28).
Cinq épreuves de divers états.

16. La même estampe. Epreuve encadrée.

17. Comtesse d'Oxford, d'apr. A. van Dyck (29).
Epreuve sur parchemin.

18. La même estampe. Douze épreuves de divers états.

19. Marie de Médicis, d'apr. Rubens (30). Epreuve sur
japon. Encadrée.

20. La même estampe. Sept épreuves de divers états.

21. Pendant le prêche (31). Quinze épreuves.

22. Femme de Châteaulin. Douze épreuves.

23. Mme G. A***, d'apr. P. Dubois (33). Epreuve encadrée.

24. La même estampe, sur parchemin. Encadrée.

25. La même estampe. Deux épreuves sur parchemin.

26. Au pâturage, d'apr. Julien Dupré (35). Epreuve
encadrée.

27-28. La même estampe, Neuf épreuves d'état.

29. La Fileuse, d'apr. J. F. Millet (36). Epreuve encadrée.

30. La même estampe. Epreuve encadrée.

31. La même estampe. Epreuve sur parchemin.

32. La même estampe. Sept épreuves de divers états.

33. La Barque de Don Juan, d'apr. E. Delacroix (37).
Epreuve encadrée.

34. La même estampe. Epreuve encadrée.

35. La même estampe. Deux épreuves sur japon.

36. La même estampe. Huit épreuves de divers états.

37. Tête de Femme, d'apr. R. Collin (38). Onze
épreuves.

38. Tête de Femme, d'apr. R. Collin. Sept épreuves.

39. Van Baresteyn, d'apr. F. Hals (40). Neuf épreuves de divers états.

40. Rêve de Pauline, d'apr. A. Maignan (41). Six épreuves.

41. La Rentrée au port, d'apr. G. Haquette (42). Cinq épreuves.

42. Le Goûter, d'apr. J. Breton (45). Epreuve encadrée.

43. La même estampe. Cinq épreuves.

44. Laitière normande, d'apr. J. F. Millet (46). Six épreuves de divers états.

45. La même estampe. Six épreuves sur japon.

46-47. L'Age de pierre, d'apr. F. Cormon (50). Deux épreuves encadrées.

48. La même estampe. Trois épreuves sur parchemin.

49. La même estampe Trois épreuves sur japon.

50. La même estampe. Huit épreuves de divers états.

51. Fin d'été, d'apr. R. Collin. Epreuve encadrée.

52. La même estampe. Epreuve encadrée.

53-54. La même estampe. Six épreuves sur parchemin.

55. La même estampe. Huit épreuves de divers états.

56. Daphnis et Chloé, d'apr. R. Collin. Epreuve encadrée.

57. La même estampe. Quinze épreuves.

58. La même estampe. Vingt-neuf épreuves.

59-60. Embarquement pour Cythère, d'apr. A. Watteau. Epreuves encadrées.

61. La même estampe. Deux épreuves sous-verre.

62. La même estampe. Trois épreuves sur japon.

64-65. La même estampe. Onze épreuves.

66. Les Vanneuses, d'apr. J. Breton. Quatre épreuves sur parchemin.

67. La même estampe. Huit épreuves de divers états.

68. Le Repos, d'apr. J. Breton. Deux épreuves sur parchemin.

69. La même estampe. Cinq épreuves de divers états.

70. Le Goûter, d'apr. J. Breton. Épreuve sur japon.

71. Un Lavoir breton, d'apr. Th. Deyrolle. Épreuve encadrée.

72. La même estampe. Huit épreuves de divers états.

73. La Famille de Rubens, d'apr. P. P. Rubens. Épreuve sur parchemin.

74. La même estampe, en même condition.

75. La même estampe. Seize épreuves de divers états.

76. Portrait de Titus, d'apr. Rembrandt. Épreuve sur parchemin.

77. La même estampe. Cinq épreuves sur parchemin.

78. La même estampe. Vingt-deux épreuves de divers états.

79-80. La même estampe. Trois épreuves. Encadrées.

81. La même estampe. Cinq épreuves.

82-83. Ste Famille, d'apr. Rubens. Épreuves encadrées.

84. La même estampe. Sous-verre.

85-86. La même estampe. Quatre épreuves sur parchemin.

87. La même estampe. Huit épreuves de divers états.

88. La même estampe. Douze épreuves de divers états.

89-90. Le Carreau des Halles, d'apr. L. Lhermitte. Épreuves encadrées.

91. La même estampe. Quatre épreuves sur parchemin.

92. La même estampe. Trente-neuf épreuves de divers états.

93. Paysage, d'après Corot. Épreuve encadrée.

94. La même estampe. Épreuve sur parchemin.

95. La même estampe. Huit épreuves de divers états.

96. La même estampe. Dix épreuves sur japon.

97. La même estampe. Dix-sept épreuves de divers états.

98. Baigneuses, d'apr. Calbet. Épreuve encadrée.

99. La même estampe. Dix-sept épreuves.

100. Portrait de Femme, d'apr. Nattier. Épreuve encadrée.

101. Portrait de Femme, d'apr. Nattier. Dix épreuves.

102. Portrait de Femme, d'apr. Nattier. Vingt-quatre épreuves de divers états.

103. La Chemise enlevée, d'apr. H. Fragonard. Cinq épreuves.

104-105. Sujets d'animaux. Deux pendants, d'apr. Rosa Bonheur. Soixante épreuves de divers états.

106. Amazone, d'apr. A. Morot. Douze épreuves.

107. Propos galants, d'apr. F. Roybet. Vingt épreuves.

108. Agar, d'apr. J. C. Cazin. Épreuve encadrée.

109. La même estampe. Trente-sept épreuves.

110. La même estampe. Quarante-deux épreuves.

111. Paysanne, d'apr. J. Breton. Épreuve encadrée.

112. La même estampe. Onze épreuves de divers états.

113. Vaches à l'abreuvoir, d'apr. C. Troyon. Seize épreuves.

114. Sous ce numéro, il sera vendu environ 180 pièces d'après F. Cormon, Luminais, Maignan, etc.

115. Sujets divers. Épreuves ayant figuré à l'*Exposition rétrospective des œuvres de L. Le Couteux*, à la Société des Artistes Français, 1909.

115 *bis*. CUIVRES *gravés ou non gravés*.

BELLEROCHE (A.)

116. Portraits de Femmes. Huit pièces, la plupart *avec dédicace*. Ce nº sera divisé, |

BOILLY (L. et J.)

117. Le Jeu de Billard — Le Jeu de l'Écarté — Le Cabaret. Trois pièces. Belles épreuves.

BOILVIN (E.)

118. Intérieur de parc, d'après Watteau. Très belle épreuve *avant la lettre, avec dédicace*.

CHAUVEL (Th.)

119. L'Abreuvoir, d'apr. Corot (136). Très belle épreuve *sur parchemin, signée* et *timbrée*.

CORMON (F.)

120. Tentation de St Antoine. Très belle épreuve sur *parchemin, avec dédicace*.

121. La même estampe, 6 épreuves d'états différents.

122. Bacchanale. Très belle épreuve d'essai.

123. Bataille de..... Très belle épreuve, signée.

124. La même estampe. 5 épreuves d'essai.

DAUBIGNY (C. F.)

125. Paysages, 22 pièces. Belles épreuves.

DIVERS

126. Sous ce n°, il sera vendu un certain nombre d'estampes anciennes et modernes.

EAU-FORTE (L')

127. L'Eau-forte en 1878 et 1879, 2 alb. in-fol.

ÉCOLE FRANÇAISE DU XVIII' SIÈCLE

128. L'Heureuse fécondité — L'Enfant chéri. Deux pièces par N. de Launay, se faisant pendants, d'apr. H. Fragonard et J. B. Leprince. Encadrées.

129. *The Merry Wives of Windsor* — Le Repos — L'Amant favorisé, etc., 14 pièces, d'apr. Gardner, Boilly, Challe, etc.

EDELINCK (G.)

130. Le Brun (Ch.), d'apr. N. de Largillière. Belle épreuve.

FLAMENG (L.)

131. La Leçon d'anatomie — Les Syndics des Drapiers. Deux pièces, d'apr. Rembrandt. Très belles épreuves, *avant la lettre*, sur japon, *signées*.

GREUZE (d'apr. J. B.)

132. Le Malheur imprévu, par R. Delaunay. Encadrée.

JACQUE (Ch.)

133. Intérieur de Bergerie, en hauteur. Très belle épreuve du 2ᵉ état, *avec dédicace.*

134. Scènes rustiques et Paysages, 43 planches, la plupart en très belles épreuves.

JANINET (J. F.)

135. Vénus sur les eaux — Vénus sur un lit de repos. Deux pièces d'apr. Charlier. Epr. *imp. en couleurs*, s. m.

MERYON (Ch.)

136. La Pompe Notre-Dame (Loys Delteil, 31). Belle épreuve sur chine.

137. Le Petit Pont (24) — Le Tour de l'Horloge (28). Deux pièces. Belles épreuves.

MILLET (J. F.)

138. La Grande Bergère (Loys Delteil, 18). Très belle épreuve, *tirée en bistre.*

MOREAU le jeune (J. M.)

139. Les Délices de la Maternité, par Helman. Belle épreuve, s. m.

NANTEUIL (R.)

140. Charles V, de Lorraine (R. D. 63). Belle épreuve, doublée.

141. Richelieu (Cᵃˡ de), d'ap. Ph. de Champaigne, 1657 (R. D. 218). Belle épreuve (doublée).

PORTRAITS

142. Louis XV — Detleu de Dehn — Favier du Boulay
— J. G. Soufflot — Gendron, etc. Douze pièces
anciennes.

REMBRANDT VAN RIJN

143. Abraham caressant Isaac (B. 33). Très belle épreuve,
avant le trait échappé.

144. Présentation au Temple, en largeur (B. 49). Belle
épreuve.

145. Jésus disputant avec les Docteurs de la loi (B. 65).
Très belle épreuve du 2ᵉ état.

146. La Petite résurrection de Lazare (B. 72). Belle
épreuve.

147. Jésus-Christ en croix (B. 80). Très belle épreuve
au fond sale.

148. Les Grands disciples d'Emmaüs (B. 87). Très belle
épreuve.

149. La Mort de la Vierge (B. 99). Très belle épreuve.

150. Mariage de Jason (B. 112). Très belle épreuve.

151. Figures académiques d'hommes (B. 194). Belle
épreuve du 1ᵉʳ état.

152. Négresse couchée (B. 205). Très belle épreuve.

153. Paysage à la vache qui s'abreuve (B. 237). Belle
épreuve.

154. Lutma (J.) (B. 276). Belle épreuve.

155. Wtenbogardus (B. 279). Belle épreuve.

156. Vieillard à grande barbe (B. 290). Très belle
épreuve.

157. Vieille Femme assise (B. 344). Très belle épreuve.

158. Six têtes de Femmes (B. 365). Très belle épreuve.

159. Sujets divers et Portraits, 24 pl. originaux et copies.

160. Sujets divers, 15 pièces.

RIBERA (J.)

161. Le Christ descendu de la Croix (B. 1.) — Sr Jérôme. Deux pièces. Belles épreuves.

ROPS (F.)

162. Impudence. Très belle épreuve sur japon.

163. Ma Fille, Mr Cabanel ! Très belle épreuve, sur japon, *signée*.

164. Printemps. Très belle épreuve, sur japon, *signée*.

165. Le Doigt dans l'œil. Belle épreuve sur japon.

166. Modernité. Très belle épreuve sur japon.

ROULLET (J. L.)

167. Louis XIV, d'apr. P. Mignard. Grand in-fol. (épr. doublée).

TIÉPOLO (Dominico)

168. Divers épisodes de la Fuite en Égypte, frontispice et 24 pl. Très belles épreuves.

WALTNER (Ch. Alb.)

169. Le Doreur, d'après Rembrandt (H. B. 113). Très belle épreuve, *avant toute lettre*, sur japon, *timbrée* et *signée*.

170. Salomé, d'apr. H. Regnault (132). Très belle épreuve, *avant toute lettre*, sur parchemin, *avec dédicace*.

171. Quand fleur tu seras devenue. Superbe épreuve sur japon, *avec dédicace*.

172. Les estampes non cataloguées.

ART DÉCORATIF

BIJOUX
exécutés par
Lionel-Aristide LE COUTEUX
Exposition rétrospective de ses Œuvres,
au Salon de 1909

173. Broche; cigale.
174. Collier; trèfles.
175. Collier; marguerites.
176. Peigne; algue.
177. Coquillage, monté en bronze et or, grand module.
178. Petit coquillage monté en bronze.
179. Bague.
180. Bague; marguerite.
181. Pendentif et chaîne.
182. Bague: mouche.
183. Peigne: martin-pècheur.
184. Peigne; gloire, nacre et or.
185. Peigne; araignée de mer, or, argent, nacre.
186. Peigne de côté.
187. Boucle; araignée de mer, or ciselé.
188. Boucle; araignée de mer, bronze patiné.
189. L'hippocampe; broche et pendentif.
190. Médaillon; Andromède.
191. Broche; chrysanthème.

192. Bracelet ; vigne.

193. Bracelet ; varech,

194. Broche : chêne, papillon, émaillé or et bronze.

195. Boucle de ceinture, nacre et or.

196. Peigne écaille, or, nénuphar.

197. Agrafe ; scarabée, or.

198. Broche ; libellule et épis de graminée.

199. Collier ; pâquerettes et myosotis.

200. Broche ; prune et abeille.

201. Marrons sculptés, Huit pièces.

TABLEAUX
ESQUISSES ET DESSINS
par Divers Artistes

BERTHAUT (L.)

202. Étude de nu ; dessin.

BLANC (Ed.)

203. Pêcheuses de crevettes ; esquisse.

BERNIER (Camille)

204. Paysage.

BRISPOT (H.)

205. Le Liseur ; étude.

COLLIN (Raphaël)

206. Tête de femme; dessin, signé à droite.
207. Etude; tête de femme, dessin.

CORMON (Fernand)

208. Les funérailles d'un Chef, daté 1883. Signé à gauche.
209. Tête de femme, de profil. (Etude pour l'âge de pierre). Signée à gauche.
210. La barque de don Juan. Copie d'après E. Delacroix.
211. Cadre contenant trois études.
212. Tête de Caïn, étude pour l'âge de pierre.

DEYROLLE (Th.)

213. Marine.

HAQUETTE (G.)

214. Marine.

INCONNU

215. Portrait de femme de l'époque de 1820. Dessin.
216. Paysanne allant aux champs.
217. Le singe-musicien Esquisse.
218. Etude de nu.

LEHOUX

219. Tête de vieillard. Dessin, mine de plomb.

LUMINAIS (Evariste)

220. Rendez-vous de chasse. Aquarelle.
221. Esquisse.

MAIGNAN (Albert)

222. Jeune Fille en buste. Signé en haut à gauche.

NOZAL (A.)

223. Etude d'arbre. Dessin rehaussé de pastel.

224. Etude d'arbre. Dessin rehaussé de pastel.

RIZO

225. Paysage.

TANCRÈDE ABRAHAM

226. Paysage ; aquarelle.

227. Sous ce numéro les tableaux, études et dessins non catalogués (division).

OBJETS DIVERS

228. Sous ce numéro seront vendues les faïences, les porcelaines, la verrerie. (Division).

229. Sous ce numéro, les armes. (Division).

230. Sous ce numéro, les bronzes, les étains, les cuivres. (Division).

231. Sous ce numéro, les bois sculptés, glaces. (Division).

232. Sous ce numéro, les sièges et les meubles. (Division).

233. Sous ce numéro, les tapis et la tapisserie. (Division).

234. Sous ce numéro, l'argenterie. (Division).

www.ingramcontent.com/pod-product-compliance
Lightning Source LLC
LaVergne TN
LVHW021919180726
843502LV00008B/3170